営業のための傾聴

水野　悦子 著

職業訓練法人Ｈ＆Ａ

◇ 発行にあたって

　当法人では、人材育成に係る教材開発を手掛けており、本書は愛知県刈谷市にあります ARMS 株式会社（ARMS 研修センター）の新入社員研修を進行する上で使用するテキストとして編集いたしました。

　ARMS 研修センターの新入社員研修の教育プログラムでは、営業コースをはじめ、オフィスビジネスコース、機械加工コース、プレス溶接加工コース、樹脂加工コースなど全 18 種類の豊富なコースを提供しております。また、昨今の新型コロナウイルス感染拡大を受け、Zoom※でのネット受講でも使用できるように、できる限りわかりやすくまとめましたが、対面授業で使用するテキストを想定しているため、内容に不備があることもございます。その点、ご理解をいただければと思います。

　本書では新入社員研修の内容をご理解いただき、日本の将来を背負う新入社員の教育に役立てていただければ幸いです。

　最後に、本書の刊行に際して、ご多忙にもかかわらずご協力をいただいたご執筆者の方々に心から御礼申し上げます。

2021 年 3 月

職業訓練法人　H&A

※Zoom は、パソコンやスマートフォンを使って、セミナーやミーティングをオンラインで開催するために開発されたアプリです。

◇ 目次

第３章　主導権を握る「質問の技術」

第4章　話し手を支える「確認・要約の技術」

第5章　営業力を高める「話す技術」

第 1 章

好印象をもたれる 「聞く技術」

01 コミュニケーションの柱

　「コミュニケーションに自信はありますか?」と尋ねると、「人前で話すことがどうも苦手で……」と仰る方をよくお見かけしますが、コミュニケーションには「話すこと」だけでなく「聞く」という大切な要素も含まれています。発信側と受信側が車の両輪のように連動することで、初めて真のコミュニケーションが成立するのです。

　一般的に「営業職は、口の達者な人材が向いている。」というイメージが定着しています。しかし、実際の現場では、顧客ニーズを汲み取るための「聞く力」が大きく影響しているのです。コミュニケーションの柱は「相互理解」です。どれだけ相手とスムーズに意思疎通を図るかがポイントです。特に商談においては、営業が"聞き役"に徹し、顧客の心理的欲求を満たすことが必要になってきます。

　傾聴に特化したコミュニケーションは、あらゆるビジネスシーンで活用できます。新卒採用に関するアンケート調査においても、「コミュニケーション能力」は、多くの企業・職種で重視され、長い間回答の上位を維持しています。なぜなら、仕事の多くは、複数の人が関わるからです。

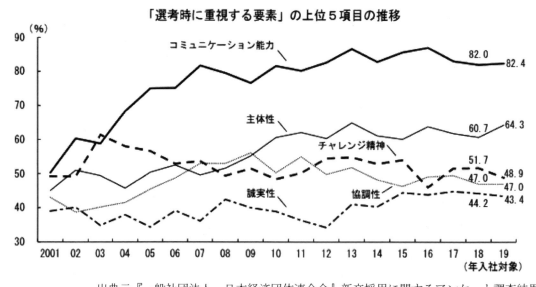

図表1　選考時に最も重視する要素

1.「きく」の３つの意味

「きく」という言葉には、「聞く」「聴く」「訊く」の３つの使い分けがあります。

言葉を通じて双方が理解しあうコミュニケーションに重要なのが「聴く力」です。相手の伝えたいことを理解するためには、話をただ「聞く」のではなく、丁寧に耳を傾け、相手への興味関心を態度で示すことが大切です。

「コミュニケーション能力」は、意識的に鍛えることができるスキルです。言葉の奥にある感情やメッセージを理解しようと気持ちを集中し、真摯な態度で「きく」ことを意識しましょう。「きく」がもたらす効果・役割をしっかり理解し、経験と融合させながら効率的にスキルアップさせていきましょう。

「聞く」

音声のやりとり
意識せずに耳に入ってくる音・言葉を聞く
　　　例：空調の音　車の音　BGM など

「聴く」

心のやりとり
言葉の背後にある感情に心を傾けて聴く
　　　例：国民の声　講義　スピーチなど

「訊く」

答えを導き出す、たずねる、問いただす
　　　例：都合　道順　意見など

２.「きく力」をチェックしてみよう

　「きく」という行為は、普段のコミュニケーションで無意識に行っているものと、自覚しているものがあります。日頃、人の話を「きく」ときに、自分がどうしているかを振り返ってみましょう。各設問にもっとも当てはまるものを「5〜1」の中から選び、合計点を□の中に書き入れてください。

①人が話す時はうなずいたり、相づちを打ったりしている	5	4	3	2	1
②話しかけられたら、手を止めて相手に注意を向けている	5	4	3	2	1
③相手が話をしている途中、先走って意見を口にしたりしない	5	4	3	2	1
④自分と考えの違う人の話でも、頭から締め出したりしない	5	4	3	2	1
⑤相手の話の最中、別のことや次に何を言おうか考えたりしない	5	4	3	2	1
⑥難しい話題のとき、理解しているふりをしない	5	4	3	2	1
⑦相手の話を理解できているか、自分の言葉で確認している	5	4	3	2	1
⑧相手の立場・視点に立ち、物事を見るようにしている	5	4	3	2	1
⑨相手の言葉だけでなく、表情・身振りにも注意を向けている	5	4	3	2	1
⑩自分と相手との間に適度な距離を保っている	5	4	3	2	1

よくできている（5点）　　　ほぼできている（4点）　　　まあまあできている（3点）
あまりできていない（2点）　ほとんどできていない（1点）

合計 ☐

40点〜　　あなたの「きく力」はトップレベルです。

30点〜　　あなたの「きく力」は合格ラインです。さらに向上させましょう。

20点〜　　いま一歩です。相手の言葉の真意を組み取る姿勢が大切です。

10点〜　　日頃から集中して相手の話を「きく」習慣をつけましょう。

　結果はいかがでしたか？　客観的に振り返ってみると、自分の強みと弱みが見えてきますね。

好印象をもたれる「聞く技術」

3.「聞くこと」への効果的なステップ

　相手が熱心に自分の話を聞いてくれたとき、どんな気持ちになりますか？　自分を受け止めてくれた相手に対して、安心感・信頼感を強め、おそらく相手の話を聞こうという気持ちになるでしょう。日常生活やビジネスにおいて、人間関係をより円滑にするための効果的なステップを学んでいきましょう。

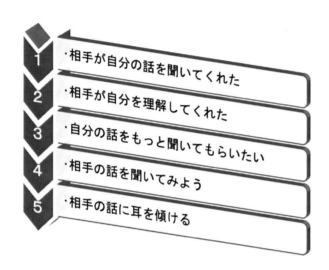

1　・相手が自分の話を聞いてくれた
2　・相手が自分を理解してくれた
3　・自分の話をもっと聞いてもらいたい
4　・相手の話を聞いてみよう
5　・相手の話に耳を傾ける

図表2　「聞くこと」への効果的なステップ

4.　ビジネスにおける位置づけ

　人生 100 年時代、個人の企業・組織・社会との関わりは、これまで以上に長くなります。
　2006 年、経済産業省は、職場や地域社会で、多様な人々と仕事をしていくために必要な力を「社会人基礎力」として定義づけしました。ライフステージの各段階で活躍し続けるために求められる「3 つの能力（12 の能力要素）」から構成されています。
　自己を認識して振り返りながら、目的・学び・統合のバランスを図ることが、自らキャリアを切りひらいていく上で必要であると位置づけています。

前に踏み出す力　　　考え抜く力　　　チームで働く力

前に踏み出す力（アクション）	考え抜く力（シンキング）
一歩前に踏み出し、失敗しても粘り強く取り組む力	疑問を持ち、考え抜く力

主体性
物事に進んで取り組む力

働きかけ力
他人に働きかけ巻き込む力

実行力
目的を設定し確実に行動する力

課題発見力
現状を分析し目的や課題を明らかにする力

計画力
課題の解決に向けたプロセスを明らかにし準備する力

創造力
新しい価値を生み出す力

チームで働く力（チームワーク）　　　多様な人々とともに、目標に向けて協力する力

発　信　力	自分の意見をわかりやすく伝える力
傾　聴　力	相手の意見を丁寧に聞く力
柔　軟　性	意見の違いや立場の違いを理解する力
状　況　把　握　力	自分と周囲の人々や物事との関係性を理解する
規　律　性	社会のルールや人との約束を守る力
ストレスコントロール力	ストレスの発生源に対応する力

出典元　　『経済産業省　人生 100 年時代の社会人基礎力』

図表 3　社会人基礎力（３つの能力）

02 「聞く」ための前提

　相手の話を聞くときには、心からリラックスできる状況をつくり出すことが大切です。ここでは、「聞くこと」の前提となる2つの考え方を確認していきましょう。

1．人間は自己成長力をもっている

　人は自分自身で育っていく力を持っており、自分の可能性を主体的に実現していく力を身につけています。そのために、「自分が今どんな状態にあるのか？」「足りない能力は何か？」といった「自己認知」が欠かせません。「聞くこと」は、話し手が自ら成長していく手助けをする役目を担っているのです。

2．問題解決をするのは自分自身である

　仕事や人間関係・日常生活などの場面で起きる問題を迅速に解決するためには、「問題解決能力」が必要です。そのパワーは、次の3つの力がそろって最大限に発揮されます。

　　◇　問題を認識する力
　　◇　解決策を考える力
　　◇　解決策を実行する力

　話を聞きながら、問題解決の糸口を一緒に見出していきます。そうすることで、話し手が自ら抱えている問題点を認識し始め、解決へと進んでいきます。

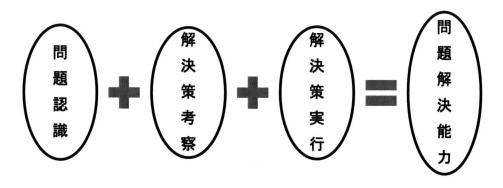

図表4　問題解決の方程式

03 「聞くこと」の目的

1．コミュニケーションリスクの回避

　近年、職場における人材の多様性が増し、様々な問題が発生しています。勘違いや誤解から指示が伝わらず、やるべきタスクが上手く実行されなかったり、相手の感情や思考が理解できず、不信感が募ったりしています。

　このようなコミュニケーションリスクを回避するには、「聞く力」の向上が有効です。「聞く力」を高めることで、勘違いや誤解が解消され、相手の考えや指示内容をより的確に理解できるようになります。

2．信頼関係の構築

　私たちは、無意識のうちに相手に対して警戒心をもつことがあります。主な理由として、面子や世間体を保とうとする自己防衛心が潜んでいることがあげられます。

　信頼関係を築くためには、相手の性格・考えや気持ちを的確に読み取り、理解する力が必要です。「自分の話をしっかりと受け取ってもらえた。」と実感できると安心感が生まれ、本音の交流ができるようになります。「聞く力」により育まれた人間関係は、かけがえのないあなたの財産にもなりうるのです。

3．営業力・交渉力の向上

　「コップになみなみと水を注ぐようなトークをする営業マンは、売れない。」という話を聞いたことがあります。現代はモノや情報が溢れ、お客様が商品・サービスの選択に悩む時代です。ただの「モノ売り」では通用しなくなってきているのです。

　日頃から「聞く」を意識し、相手の話にしっかり耳を傾けることで、良好な人間関係を築いていくことができます。「聞くこと」は、営業力・交渉力を向上させるための最大の近道になるのです。

　ビジネスの場で意思疎通を図るためには、「聞く力」に加えて、次のコミュニケーションスキルが求められます。

◇　わかりやすい言葉で論理的かつ端的に伝える力

◇　自分の考えを理解してもらう力

◇　周囲の協力を得て巻き込む力

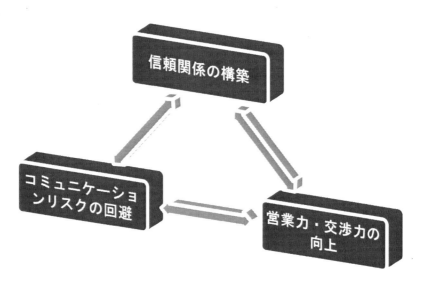

図表5　「聞くこと」の3つの目的

04 情報と印象の伝達

１．情報の伝達

　「聞く力」を効果的に発揮させるためには、互いが理解し合うための「伝える力」と「受け取る力」が必要です。言葉を用いた「バーバルコミュニケーション」、言葉以外の方法による意志伝達である「ノンバーバルコミュニケーション」、ともに重要な役割を担っています。どちらにもしっかりと関心を向けることが大切です。

（１）言語情報（バーバル）
　　　文字　言葉　話の内容

（２）視覚情報（ノンバーバル）
　　　表情　視線
　　　動作（姿勢・ジェスチャーなど）
　　　外見（髪型・服装など）

（３）聴覚情報（ノンバーバル）
　　　語調（明瞭さ・抑揚など）
　　　音調（トーン・力強さ・高低など）
　　　テンポ（スピード・リズム・間など）
　　　言葉遣い（正確さ・柔らかさ・丁寧さなど）

図表6　印象を左右する３つの情報

２．印象の伝達

　出会った瞬間、われわれは「表情・身だしなみ」といった外見から相手の印象を感じ取り、「立ち居振る舞い」を観察するでしょう。やがて会話をスタートし、「声のトーン・スピード」といった音の要素や話し方の癖などをキャッチします。そして、最後にその人の「内面」にふれ、人格を判断します。

図表７　印象の伝達（４つの壁）

　相手と信頼関係を築くまでには、４つの壁を乗り越えていかなくてはなりません。早くたどり着くためには、「外見」や「動作」などの視覚要素だけでなく、互いを理解するための「話す力」「聞く力」が大きな鍵を握っています。双方がシーソーのように絶妙なバランスをとりながら、息を合わせてゴールに向けて進んでいくイメージが理想です。

　「あなたに会えてよかった。話せてよかった。」という感謝の気持ちを声に乗せて相手へ届け、相手の言葉もしっかり受け取りましょう。

05　「聞くとき」の空間管理

1. スティンザー効果

　互いの位置関係により、感じ方や気持ちが変わり、関係性に影響を与えることがあります。これを、心理学用語で「スティンザー効果」といいます。相手と自分の立場や、お互いが陥りやすい思考などの指標になります。応接室・会議室・喫茶店などの座る位置によって、人が感じやすい印象パターンをみていきましょう。

〔問1〕重要な案件を決定する会議が行われます。テーブルに着いている参加者（A〜H）に対して、あなたはどのような印象をもちますか？　　　※参考解答は P77 参照

〔問2〕会議の主導権を握りたいとき、あなたならどこに座りますか？

「A」「E」	・・ その場でリーダーシップを発揮したい場合に有効
「C」「G」	・・ 対人関係を重視して歩調を合わせた議論をしたい場合に有効
「B」「D」「F」「H」	・・ 自分の主張を控え、相手に同調したい場合に有効

「スティンザー効果」は、ビジネスだけでなく日常生活においても発揮されます。相手の相談に乗るとき、相手に何かをお願いするとき、断るときなど、あなたのポジションは、相手の印象に大きく影響していることを理解しましょう。

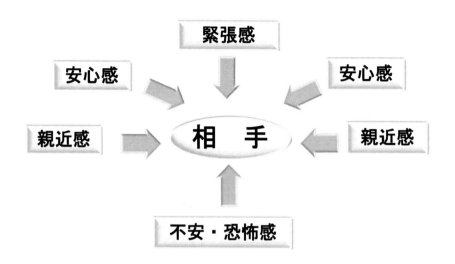

図表8　位置関係による印象パターン

「真正面に座る人」　　自分が発言した後に反対意見を言ってくる可能性がある

「横に並んで座る人」　　あなたの味方になってくれる可能性がある

「斜めに座る人」　　　意見の衝突が起こりにくいため、親しい関係を期待できる

「建設的な話し合い」には、双方が意見を平等に共有し、丁寧に話を進めていく必要があります。位置関係を意識することで、相手の役割を判断し、立場を把握することができます。自分が発言したときにどのような返答が返ってくるか、ある程度予測することができるのです。協力して話を進めることができる相手かどうかを見極める材料として、「スティンザー効果」を交渉・商談・打ち合わせなどで多いに活用していきましょう。

２．パーソナルスペース

　人には誰でも「縄張り意識＝テリトリー」があります。それ以上他人に近づかれると不快に感じる空間を「パーソナルスペース」といいます。電車に乗って横長の椅子に座るときを想像してみてください。椅子の端から座る人が圧倒的に多いですよね。次に乗った人は反対側の端に座り、その次の人は丁度真ん中位に座る傾向があります。このように、人は無意識に相手と一定の距離を保っているのです。

　エレベーターの中で知らない人と一緒になったとき、相手との距離を少しでも多く取ろうとします。自分のテリトリーに他人が入ってくる不快感をまぎらわそうと、天井を見たり、表示される階数を見たりします。「パーソナルスペース」は、文化・民族、性別・性格、相手との関係性によっても個人差があるのです。

　このように人に対する感じ方は、位置関係だけでなく距離も大きく影響しています。ビジネスやプライベートで人と円滑にコミュニケーションを取るために、適切な距離を保つことが大切です。

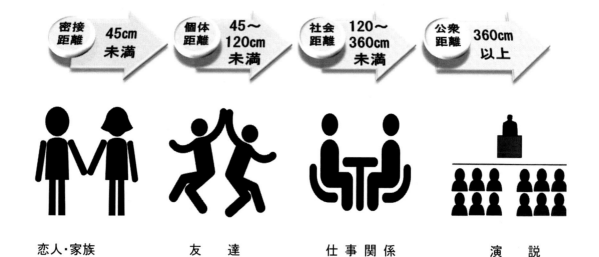

図表 9　パーソナルスペース

違和感なくコミュニケーションが取れる距離　⇒　75 cm　〜　120 cm

第 2 章

話し手に寄り添う
「聴く技術」

01 傾聴の心構え

1．傾聴とは

> 「相手の立場・気持ちを尊重し、相手の話に関心をもち、心を傾けて聴くこと」

　「傾聴」は、もともとカウンセリング技法の一つとして提唱されました。今では、日常やビジネスにおけるコミュニケーションの手法として広く活用され、企業内外に留まらず、介護・医療分野おいても重要な要素として考えられるようになりました。

　人は「聞く」ことよりも、「話をしたい」という心理的欲求の方が強いため、聞き上手な人は相手に好感を持たれる可能性が高くなります。傾聴することで相手の真意を引き出し、さらに深く理解することができます。「傾聴」は、よりよい人間関係を築き、話し手・聞き手双方に大きなメリットをもたらしてくれるのです。

2．相手を尊重する

　耳を傾けて聴いているつもりでも、うっかり聞き漏らしてしまうことがあります。相手の話を受け止めながら聴き続けるには、かなりの集中力とエネルギーが必要です。
　「相手のことを心から尊重し、相手の言葉と考えに耳を傾ける」という、傾聴の基本姿勢をしっかり学び、身につけることで、傾聴をより効果的に行えるようになります。

３．相手が話しやすい空気感をつくる

相手にたくさん話をしてもらうには、自ら話しやすい雰囲気をつくることが大切です。
まずは、うなずき・相づち・アイコンタクトを意識しましょう。慣れてくると、この３つだけで、長時間にわたって傾聴できるようになります。

（１）笑顔
相手の心情に合わせた表情を心がけることが大切ですが、やはり基本は笑顔です。笑顔は人の心を和ませ、会話を弾ませます。そして周りに笑顔を呼び、雰囲気を変えることができます。また、心の鏡として相手に自分の想いを伝えてくれます。アイコンタクトをとり、相手の気持ちに寄り添った心からの笑顔を意識しましょう。

（２）体全体で聴く
聞き手の態度・しぐさは、話し手も感じ取ります。うなずく、相づちを打つ、前傾姿勢になる、ジェスチャーを交える、メモをとるなど、耳だけではなく体全体で相手の話を受け止めましょう。

（３）話を促す
傾聴することで、相手の話をより正確に理解することができます。適切な質問を加えながら、話を掘り下げたり広げたり視点を変えたりしましょう。

「もう少し聴かせていただけますか？」

「なるほど、それでどうなさったのですか？」

4．聴くことに専念する

　お客様から「いつも丁寧に話を聞いてくれてありがとう。」と言われたら、嬉しくなりませんか？　積極的な姿勢で話を聴くことは、営業スキルを高めるとともに、互いの心も人生も豊かにしてくれるのです。傾聴を身につけるためには、日々の継続的な実践が必要です。

（1）先入観をもたずに聴く

　人は誰でも、自分の価値観をもっています。しかし、思い込みや先入観は、事実を把握する上で大きな障害となります。自分の価値観だけが正しいと思わず、相手の価値観を受け入れることにも意識を向けましょう。

（2）急いで結論を出さない

　結論を出したり判断を下したりするタイミングは、慎重に選ぶことが大切です。まずは落ち着くこと、そして集中して相手の話を聴くことを優先させましょう。

（3）相手の話を遮らない

　話を遮ることは、「相手の言葉を奪うこと」です。相手の存在を無視した礼を欠く態度といえます。最後まで相手と向き合い、しっかり話を聴きましょう。

（4）思いやりをもって辛抱強く聴く

　話を聴くことは、話すことよりもエネルギーがいる行為です。それが身につけば、やがて誰にも奪うことのできない「強力な力」となります。**聴くことは「思いやり」、聴く力を磨くことは「自身の心を磨くこと」**ともいえるでしょう。辛抱強く聴きましょう。

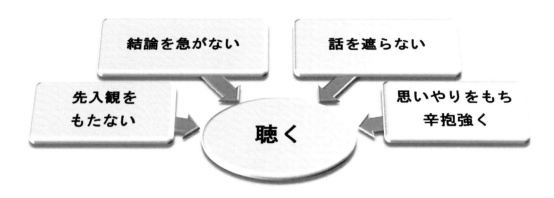

図表 10　聴くことに専念するための4つのポイント

02 傾聴の８つの効果

　「人の言に耳を傾けない態度は、自ら求めて心を貧困にするようなものである。」これは、経営の神様といわれた、パナソニック（旧松下電器産業）の創業者、松下幸之助氏の有名な言葉です。「聴くスキル」だけではなく、相手をどう見るかという「人間観」が聴き方を左右することを教えてくれる言葉です。相手の話をしっかりと傾聴することで、話し手・聞き手にどんな効果をもたらすかをみていきましょう。

１．相手の考えが理解できる

　傾聴は、聴き手の思い込みや判断を横に置き、相手の話に集中して聴くことを意味します。心と耳を傾けて聴くことにより、通常の聞き方では気がつかなかった相手の考えや感情を理解できるようになります。

２．良好な人間関係が築ける

　誰しも自分の話を真剣に聴いてくれる人、理解してくれる人のことを悪くは思わないでしょう。日常生活やビジネスにおいて、傾聴は良好な人間関係の構築にもつながります。

３．自分の感情をコントロールできるようになる

　傾聴することで自分自身としっかり向き合い、自分の感情に気づき、受け入れ、整理することができます。今まで以上に自分自身を知るきっかけをつくり、自身の感情をコントロールできるようになります。

４．自分を今以上に好きになることができる

　自分の言動に対して、相手から無条件にありのまま尊重されると、どんな気持ちになりますか？　自分自身のことを今以上に好きになり、前向きな態度、言動へと大きく変化していきます。

５．相手の自己重要感が高まる

　傾聴することにより、相手の心理的充足感が高まります。傾聴は相手の承認欲求を満たし、自己重要感を高める効果があります。

　※自己重要感とは

　　人は自分の存在を認めたい、他人からも必要な人間として受け入れられたい、という根源的な欲求があります。それを自己重要感といいます。

６．カタルシス効果

　日常生活の中で、気持ちがモヤモヤしたりイライラすることは、誰にでもあります。
　そんなとき、批判・評価されることなく傾聴されることで、心の中にたまっていたものが溢れだし、気持ちが楽になった、という経験をされた方は少なくないはずです。
　私たちの心の中にある、不安・不快感情・つらさ・悲しさなどを解放して浄化することで、気持ちを軽くする現象のことを「カタルシス効果」といいます。

７．現状を整理し、新たな気づきが生まれる

　傾聴されることで、話し手は現状を俯瞰的に把握し整理することができます。結果、現在抱えている問題について、聴き手が何も助言をしなくても、話し手が何かに気づきます。そして、新たな行動へとつながっていくのです。

８．聴き手の精神的成長を促す

　相手と向き合い、心を開いて受け入れることにより、互いに良い影響を与え合います。やがて良好な人間関係を構築し、聴き手に次のような精神的成長を促してくれます。

◇　忍耐力が向上しプレッシャーに強くなる
◇　ストレスコントロール力が向上する
◇　感謝の気持ちが増す
◇　自分に自信がつく
◇　挑戦心が芽生えやすくなる

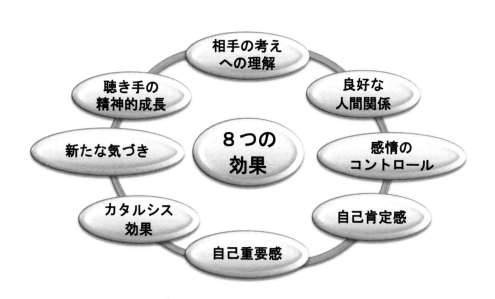

図表11　傾聴がもたらす８つの効果

03 相づちの種類

　相手の言葉に対して、最適なタイミングで相づちを打つことは「あなたの話をしっかり聴いています。」というメッセージになります。次のポイントを意識しながら、感謝や尊敬の気持ちを込めて相手の話を促し、共感を生み出し信頼感を深めていきましょう。

　　◇　相手の顔・目を見ながらゆっくりと大きくうなずく

　　◇　いつも同じテンポ・言葉ではなく、メリハリをつける

　相づちには、以下の３つの種類があります。

１．共感とは

　喜怒哀楽などの相手が感じた感情をそのまま受け止め、共有し、言葉にして返すことです。

　相手の気持ちに寄り添い、理解しようとする行為・プロセス・手段でもあります。「共感」は、互いに異なる価値観をもっている人同士でも可能です。

　　　　　例）　「あなたはそう感じているのですね。」

２．同感とは

　相手の気持ち・意見・考えと同じであると感じることです。同じ価値観をもつ人の間に生じる感情です。

　　　　　例）　「あなたの気持ちはとてもよくわかります。」

３．同意とは

　相手の意見・考えと同じであると意思表示をすることです。

　　　　　例）　「私もあなたと同じ考えです。」

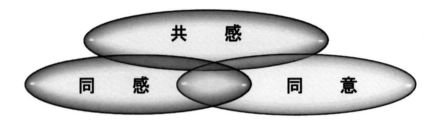

図表 12　相づちの種類

04 ロジャーズの３原則

　「傾聴」を提唱した米国の心理学者（カウンセリングの大家）カール・ロジャーズ氏（Carl Ransom Rogers）は、相手の話を共感的に聴くために、自分の感情と客観的事実を分けて考えることの大切さを強調しています。ロジャーズ氏自ら行ったカウンセリングの事例をもとに、次の３つの条件を確立しました。

1．自己一致

　わからない点があるときは、聴き直して内容を確認するなど、裏表なく素直で真摯に聴く態度です。ありのままの自分でいられてこそ、相手との信頼関係が生まれるのです。

> 例）主観的事実と客観的事実が一致しない場合
> 話し手：「自分は有能ではない」と話す
> 聴き手：「相手を有能だ」と感じた自分を受け入れて、一旦横に置く

2．無条件の受容

　相手の話に善悪・好き嫌いの判断を入れずに、無条件に積極的な関心をもって聴く姿勢です。話の内容を容認できなくても、誤りや間違いがあっても、否定したり取捨選択したりせず、大切な意味をもつものとしてありのまま受け入れます。なぜそのように考えるようになったのか、その背景に肯定的な関心をもつことが大切です。

> 例）　聴き手：「自分は有能ではない」と感じている相手の感情を受け入れる

３．共感的理解

　相手の視点で相手の立場に立ち、相手の気持ちに共感しながら話を聴く姿勢です。自分の経験・考え・エゴは取り除き、相手の感情をあたかも自分自身のものであるかのように想像して感じることができるように、日頃から視野を広げ、想像力を豊かにしておきましょう。

　　　例）　聴き手：「自分は有能ではない」と感じている相手の感情を理解し共有する

〔問〕
　　　新入社員のＡさんは、部品の発注ミスについてＢ課長から厳しく叱責されました。
　　　Ａさんはひどく落ち込み、仕事に集中できなくなりました。Ｃ先輩に相談したところ、
　　　「それくらいのことで落ち込むのは弱い人間だ。もっと大変な仕事はたくさんある。」と
　　　言われました。その日の夕方、ＡさんはＤ部長と面談をすることになりました。

Ｄ部長　　「最近元気がないようだが、仕事はうまくいっている？」
Ａさん　　「自分にイライラして、仕事に集中できていません。」
Ｄ部長　　「そうか。自分にイライラしているんだね。今後のことはどう考えているのかな。」
Ａさん　　「ここで長く勤めたいけど、この仕事は自分に向いていないような気がして……」
Ｄ部長　　「長く勤めたいけど、仕事が向いていないのではないかと思っているんだね。」
Ａさん　　「えぇ（涙ぐむ）。Ｂ課長から怒られたことを、いつまでも気にしすぎていたのか
　　　　　　もしれません。もっと前向きに考えます。」

Ｃ先輩とＤ部長の「聴き方」は、どこが違うのでしょうか？

※参考解答は P77 参照

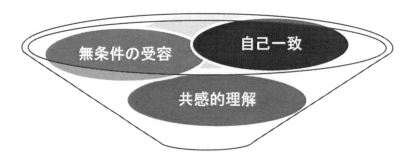

図表13　ロジャーズの３原則

05 3つの聴き方

　聴き上手な人と話をしているとテンションが上がり、あっという間に時間が経っていることはありませんか？　逆にそうではない人と向き合っていると、やたら時間が長く感じられることがあります。

　「お客様の話をしっかり受け止め、柔軟に提案できるバランス感覚」は、営業の現場では欠かせません。職場や取引先の人とコミュニケーションを取り、良好な人間関係を築いていくことは、仕事の効率アップ・実績の向上・社員のやりがいにも大きく影響します。また、企業にとっても、人材選考・評価の重要なポイントとなります。相手に安心感・信頼感を与える「聴き方」を日頃から意識しましょう。

　「聴き方」は、コミュニケーションを活性化する大切な要素です。では、どのように聴くのがよいのでしょうか？　ここでは、3種類の「聴き方」を紹介していきましょう。

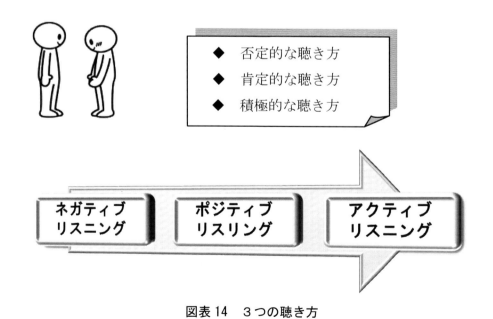

- ◆　否定的な聴き方
- ◆　肯定的な聴き方
- ◆　積極的な聴き方

ネガティブ
リスニング

ポジティブ
リスリング

アクティブ
リスニング

図表14　3つの聴き方

１．ネガティブリスニング

　相手と目を合わせない、相づちなどの反応が全くない、「否定的な聴き方」です。これは、一般的にはマナー違反とされ、最も嫌われる聴き方です。この様な態度は、「私の話を聞いていますか？」という不安感・不信感を相手に与えてしまいます。自分ではそのつもりはなくても、相手に否定的に受け取られてしまうことがあります。絶対にやらないように気をつけましょう。

２．ポジティブリスニング

　うなずく、穏やかに相手を見る、相手の話に耳を傾けて聴く、メモを取るなど、「肯定的な聴き方」です。受動的な聴き方ではありますが、標準的なマナーを守っているため、相手に不快感を与えることはありません。

３．アクティブリスニング

　ポジティブリスニングに加えて、相づちを打つ、キーワードを確認する、理解するために質問するなど、「能動的かつ積極的な聴き方」です。相手に信頼感・満足感を与える理想的な聴き方といえます。

第 3 章

主導権を握る
「質問の技術」

01 質問するときの心構え

1.「質問力」をチェックしてみよう

　相手の気持ちや考えを知りたいとき、状況や事実確認をしたいとき、つい気持ちが入りすぎて、一方通行になっていることはありませんか?　普段、自分がどのように質問しているかを振り返ってみましょう。各設問にもっとも当てはまるものを「5〜1」の中から選び、合計点を□の中に書き入れてください。

①質問する前に、質問内容を整理している	5	4	3	2	1
②疑問に思ったら、その場で質問するように心がけている	5	4	3	2	1
③不明点はないかを確認しながら質問している	5	4	3	2	1
④相手の理解度に合わせ、言葉を選んで質問している	5	4	3	2	1
⑤改善につながる前向きな質問を心がけている	5	4	3	2	1
⑥話を広げられるような質問を意識している	5	4	3	2	1
⑦相手が質問内容を理解できないときは、別の言い方をしている	5	4	3	2	1
⑧相手の気持ちに配慮しながら質問するようにしている	5	4	3	2	1
⑨相手が答えやすいように、質問のしかたを工夫している	5	4	3	2	1
⑩同じような内容の質問を繰り返さないよう、配慮している	5	4	3	2	1

よくできている（5点）　　　ほぼできている（4点）　　　まあまあできている（3点）
あまりできていない（2点）　ほとんどできていない（1点）

合計

40点〜　　あなたの「質問力」はトップレベルです。自信をもってください。

30点〜　　質問の仕方を工夫して、相互理解を深めていきましょう。

20点〜　　相手や状況に合わせた質問ができるように意識しましょう。

10点〜　　いま一歩です。質問する前に内容を整理してみましょう。

2.「質問力」を高めるメリット

「質問力」は、相互理解を深めるために不可欠なスキルです。分からないことを放置しておくと、後々大きなトラブルになることがあります。ここでは、「質問力」を高めるメリットを具体的にみていきましょう。

（1）疑問が解消される

「質問力」を高めることで、疑問が少しずつ解消されます。「質問力」の高い人は、普段から疑問点や不明点を、質問で明確にする習慣が身についています。常に「これで大丈夫なのか？」と自問し、周りに確認することで、ミスなく作業を進めることができます。

（2）問題を解決できる

問題には必ず原因があります。原因を究明・分析できれば、解決へと導く可能性が高まります。「質問力」を鍛えることでコミュニケーション能力が向上し、しだいに、自分の頭の中で問題解決の糸口を見出すことができるようになります。「質問力」は、問題解決の飛躍的前進に直結しているのです。

図表 15　問題解決の流れ

（3）目標を達成できる

「どの選択が正解なのか？」「どこにリスクが潜んでいるのか？」ということを自分に質問することによって、目標達成への道筋がクリアになり、目標達成率の向上へとつながります。「質問力」は、ビジネスにおいて、収入アップを実現するための「強力なスキル」であると言えるでしょう。

図表 16　「質問力」を高めるメリット

02　「質問力」を鍛えるコツ

> 「質問力」とは、「わからないところを確認し、問いただす力」のこと

　私たちは学生時代に、「わからないところがあったら質問するように」という教育を受けてきました。勉強では、質問に対する答えを見つけることが「正解」でした。

　しかし、社会に出ると、はっきりとした「答え」を出せない場面が多くあります。たとえば、次の質問に対して「これだ！」という絶対的な答えはあるでしょうか？

　　　「どんな仕事が自分に向いているのだろうか？」
　　　「幸せな人生を歩むためには、どうしたらよいのだろうか？」

　答えのない課題に直面したとき、「質問力」を磨いておけば、自分の未来を自身で切り開ける可能性が高まります。以下に「質問力」を鍛える3つのコツを紹介します。

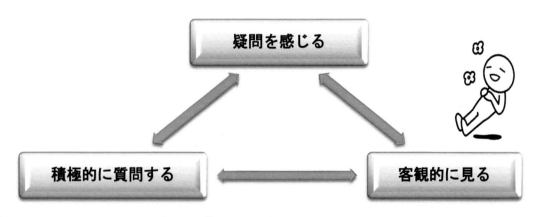

図表17　「質問力」を鍛える3つのコツ

1．物ごとに疑問を感じる

　物ごとについて、常に「なぜ？」と疑問を感じることは、とても大切です。

　人は他人に判断の根拠をもとめる性質があります。例えば、行列ができるラーメン店を見たら、「きっと美味しいだろう。」と思い込んでしまう人が多いでしょう。ですが、周りの皆が正しいと思っていることでも、流されずに「本当にそうだろうか？」と考え、相手に質問したり、自分で確かめる姿勢が大切です。

2．積極的に質問する機会をつくる

　相手の考えや話の内容などがわかりづらいとき、疑問に感じたとき、確認せずそのままにしていることはありませんか？　わからないことを質問することは、恥ずかしいことではありません。周りからのアドバイスで、新たなアイデアや解決策が生まれることもあります。日頃から、人への問いかけだけではなく、自分がきちんと理解しているか問いかける習慣をつけましょう。

3．自分を客観的に見る

　現在の自分を客観視して、「本当は何がしたいのか？」「どんな点が不満なのか？」など、素直な気持ちを改めて確認してみましょう。もし現状に満足できていないのであれば「この状況を変えるにはどうすればいいか？」という具体的なプランを立て、課題解決に向けて実践することができます。

3

主導権を握る「質問の技術」

質問するときのチェックポイント

☑ 「質問する ＝ 恥」という意識を捨てる
　　聞くは一時の恥、聞かぬは一生の恥

☑ アドバイスを求めてみる
　　「○○さんだったら、どう動きますか？」

☑ 相手が答えやすい質問から入っていく
　　趣味・好み・休日の過ごし方など

☑ 自分の話や意見も適度に織り交ぜてメリハリをつける
　　「実は私も○さんと似たような経験をしたことがあって……」

☑ フット・イン・ザ・ドアを利用する
　　まずは「YES」「NO」で答えられる質問から入る
　　　　　　　　　↓
　　回答に対して簡単な補足質問をする
　　「それは、○○ということなのでしょうか？」
　　　　　　　　　↓
　　回答に対してより深い質問をする
　　「△△について詳しくお話いただけますか？」

☑ 質問する目的や意味を理解しておく
　　相手のもっている知識・情報を引き出したい
　　自分が疑問に感じていることを解決したい
　　単に相手がどう思っているかを聞きたい
　　自分のアイデアを採用させたい

03 良い質問と悪い質問

　人はどんなときに心を開き、本音を話そうとするのでしょうか？　また、どんなときに心を閉ざしてしまうのでしょうか？ここでは、ビジネスや日常生活でなにげなく投げかけている「良い質問」と「悪い質問」について、具体的にみていきましょう。

1．良い質問とは

（1）信頼関係を構築できる質問

　「自分に興味をもってくれている」と感じたとき、人は初めて相手に心を開き、本音を話します。相手に安心感をもってもらえるよう、まずは信頼関係を築きましょう。

◇　相手の話に心から興味をもつ
◇　相手の気持ちに寄り添う
◇　こちらからも有益な情報提供をする

（2）相手に気づきを与えられる質問

　人に意見を求めているとき、自分の中で既に答えが決まっている場合があります。それを気づかせるきっかけとなるのも「質問」の役割です。質問をすることによって、相手は自分自身と向き合い、自分に対して問いかけをするのです。

〔問〕
　　親しくしている同僚から次のような相談をされました。
　　あなたは、同僚へ何と言いますか？
　　「営業の仕事は自分に向いていない気がする。部署を変えてもらおうかな？」

※参考解答は P77 参照

（3）相手が受け入れやすい論理的な質問

　質問の目的は「相互理解」です。相手にきちんと質問の意図が伝わり、受け入れやすいように、穏やかに論理的な質問をしましょう。

２．悪い質問とは

（1）相手を追い詰める質問

　期待の裏返しからの言葉だとしても、追い詰めるような質問ばかりすると、相手を萎縮させてしまい、可能性をも奪ってしまいます。また、関係性が悪化することで、その後の仕事にも悪い影響を及ぼします。相手の成長を促すためには、建設的に物事を考えられるよう配慮することが必要です。

〔問1〕

　　　あなたは仕事で大きなミスをしてしまいました。上司から次のような質問をされたら、どんな気持ちになりますか？

　　　　「なぜこんな簡単なことを間違えるのか？」
　　　　「きちんと確認をしていたのか？」
　　　　「この先、きみに仕事を任せて大丈夫なのか？」

※参考解答は P77 参照

〔問2〕

　　　あなたは営業部の主任です。部下のAさんは、真面目に仕事をしていますが、ここ3ケ月間全く結果が出ていません。Aさんから状況を聞き、前向きに取り組んでもらうために、あなたはどのように質問しますか？

※参考解答は P77 参照

（2）答えを聞くことだけが目的の質問

　相談をするときなど、相手に丸投げしていることはありませんか？　自分で考えようとせずに、答えだけを相手に求める質問はよくありません。他人に委ねて得た答えで、自分が本当に納得して良い方向に進めるとは考えにくいからです。

〔問3〕

　　あなたは10年間同じ会社に勤めています。最近残業も多く、仕事にやりがいを感じなくなっています。転職するべきかどうか先輩の意見を聞きたい場合、どのように質問しますか？

※参考解答はP78参照

（3）範囲を限定し過ぎる質問

　「AとBのどちらがよいですか？」のように範囲を限定した質問は、判断が容易になる反面、無意識のうちに選択の幅を狭めてしまいます。第3、第4の可能性がある場合は、その選択肢を摘んでしまうことがあります。

　常に視野を広くもち、「これでよいのか？」「他に可能性はないか？」と、自分だけでなく相手への問いかけも忘れないようにしましょう。

〔問4〕

　デートをしているとき、相手から下記のように質問されました。あなたはどのような気持ちになりますか？

　　「おいしいパスタのお店を見つけたから、○店へ行かない？」

　　「フレンチとイタリアン、どっちする？」

　　「食後のコーヒーは、ホットでいい？」

※参考解答はP78 参照

　いかがでしょうか？　あなたは今日、「和食」を食べたい気分だったのかもしれません。それともテイクアウトにして、家でゆっくり過ごしたかったのかもしれません。飲み物もコーヒー好きの相手に合わせていただけで、別の物を注文したかったのかもしれません。無意識のうちに、相手の選択肢を狭めてしまうことがないよう意識しましょう。

〔問5〕

　問4の場合、相手の気持ちに配慮しながら、自分の意見もしっかり伝えるためには、どのように質問したらよいでしょうか？

※参考解答はP78 参照

3．良い質問を実践する４つのポイント

　日々の意識の積み重ねが行動を変え、将来を良い方向へと導いていきます。相手からより深く意義のある情報を聞き出すためには、どのように質問したらよいでしょうか。ここでは、良い質問を実践するための４つのポイントをみていきましょう。

（1）相手の意見や体験を聞く

　相手の話を掘り下げるような質問をすることにより、自分とは異なった視点から多くのヒントを得ることができます。また、質問を受ける側も心を開き、自らの行いや思考を改めて振り返ることで、新たな気づきを得られることがあります。

　　　例）「○○のような経験をされたことはありませんか？」

（2）5W1Hを織り交ぜる

　「5W1H」を質問に組み込むことで、相手からより具体的な答えを得られます。

　　　　When（いつ）　　　Where（どこで）　　　Who（誰が）
　　　　What（何を）　　　Why（なぜ）　　　　　How（どのように）

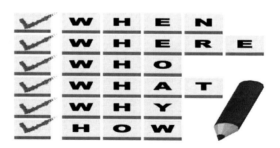

　問題解決を優先したいビジネスにおいては、「Why」より「What」「How」を意識して使うと、潜在的な問題をはっきりさせることができます。

　例）「どうして、遅刻したのですか？」（Why）
　　　→　「時間に遅れたのは、何か理由があったのでしょうか？」（What）
　　　→　「遅刻しないためには、どうしたらよいと思いますか？」（How）

（3）相手が答えやすい環境をつくる

　早口になったり、答えを待たずに攻撃するような質問をすると、相手に不快感を与えてしまいます。人にはそれぞれ会話をしやすいペースがあるのです。特に、「間」はコミュニケーションの大切な要素です。相手が慎重に言葉を選び、説明しようと考えている時間かもしれませんので、意識して調節するようにしましょう。

（4）抽象的な質問には、事例や数字を用いる

　相手が質問の意図を理解し答えやすくするためには、数字を使って質問すると具体的なアクションプランを考えやすくなります。

　　例）「あなたは、将来どうなりたいですか？」
　　　　→　「あなたは、○年後にどのような立場・役職になっていたいですか？」

　　「営業成績を上げるには、どうしたらよいと思いますか？」
　　　　→　「今期中に○万円の売上目標を達成するには、何から着手したらよいと思いますか？」

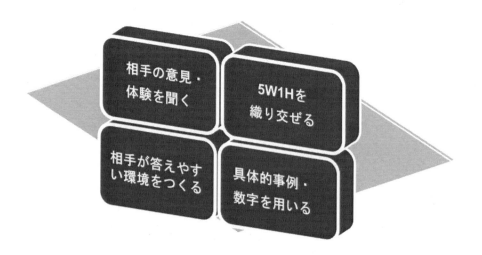

図表18　「良い質問」を実践する４つのポイント

04 5つの質問テクニック

　「質問は、相手に対してするもの」というイメージが定着していますが、実は、「自分に対する質問」のほうが圧倒的に多いのです。人は1日に約6万回思考すると言われています。一言も人と話さない日があっても、「今日はどう過ごそうか？」「何を食べようか？」など、無意識のうちに自分とコミュニケーションを図っているのです。

　「質問」の量と質が、ビジネスや人生の方向性を決めることもあります。相手や状況に合わせて5つの質問テクニックを使い分け、双方に満足する答えを導き出せるようにトレーニングしていきましょう。

図表19　5つの質問テクニック

1. オープン・クエスチョン

回答範囲を限定せずに、自由に話してもらう形式です。
双方に気づきを与え、考えを深めるきっかけとして有効的な方法です。

　「○○について、どのようにお考えでしょうか？」
　「具体的にお考えをお聞かせいただけますか？」

≪メリット≫　　ニーズや問題を明らかにできる
　　　　　　　　幅広い情報収集ができる

≪デメリット≫　答えるまでに時間がかかる
　　　　　　　　焦点が掴みにくい

2．クローズド・クエスチョン

「イエス・ノー」「AかB」「一言」で答えられるような形式です。
初対面の人とのコミュニケーションでは、「入り口」として有効的な方法です。

「水曜日午前10時にお越しいただくことは可能ですか？」
「明日の午前・午後どちらがよろしいでしょうか？」
「どちらにお住まいですか？」

≪メリット≫　　　焦点を絞った情報収集が素早くできる
　　　　　　　　　会話の方向づけができる
　　　　　　　　　相手の同意を得ながら、話を進められる

≪デメリット≫　　尋問されているように感じる
　　　　　　　　　話を広げにくい
　　　　　　　　　「どちらともいえない。」という答えが返ってくることもある

3．追跡クエスチョン

クローズド・クエスチョンに続けて、その理由を尋ねる形式です。
相手の答えに対して、考えや気持ちをより深く知りたいときに有効的な方法です。

「Aを選ばれた一番の理由をお聞かせいただけますか？」
「その後は、どちらへ行かれますか？」

≪メリット≫　　　相手の本心を確認することができる
　　　　　　　　　相手に気づきを与えることができる

≪デメリット≫　　「しつこい」という印象を与えることがある

４．誘導クエスチョン

相手に答えを暗示して、結論へと誘導していく形式です。
期限や条件のある商談などで、範囲を調整・限定するために有効的な方法です。

「締切が迫っているので、○○を優先しませんか？」
「効率的に仕事を進めるために、△△案を採用してみませんか？」

≪メリット≫　　答えに迷っている場合に、話すきっかけを与えることができる

≪デメリット≫　相手に不信感を与えることがある

５．転換クエスチョン

現状の問題・課題について、異なった視点から質問する形式です。
双方の言い分が噛み合わないとき、話が前へ進まないときに有効的な方法です。

「別の見方をしますと、○○ということも考えられせんか？」
「○○案は一旦保留して、△△案を検討されてはいかがでしょうか？」

≪メリット≫　　膠着状態を脱却するヒントになる
　　　　　　　　打開策が見えてくる

≪デメリット≫　相手が「自分を否定された」と感じることがある

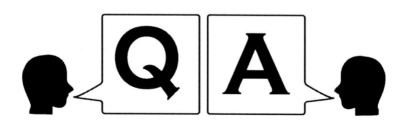

第 4 章

話し手を支える
「確認・要約の技術」

01　「確認・要約」の心構え

　人間の集中力は、どのくらい持続するのでしょうか？ マイクロソフト社が2015年に発表したレポートによれば、わずか「8秒」でした。2000年の実験結果は「12秒」でしたので、情報が氾濫するインターネット社会で、人の集中力は低下傾向にあるといえます。

　集中力が途切れないよう、早い段階で解決へと導いていくには、「確認・要約」のスキルが大きく関わっています。

1．話し手の気持ちをくみ取る

　話し手の話、声、表情、しぐさなどから、話し手の精神状態や気持ちをくみ取ります。喜怒哀楽のフィールドだけでなく、**不安・躊躇・迷いなど細かい心の状態を確認する**ことは、**傾聴のスタートラインにおいて非常に重要**です。

　その際、話し手の気持ちに、「善悪や好き嫌い」といった判断を加えることは絶対に避けましょう。大切な人と手を携えて階段を登る姿をイメージしてみてください。

2．一体何が問題なのか、少しずつ明確にする

　話し手の話を確認できたら、次に要約しながら続きを促すことで、一体何が問題なのかが少しずつ明らかになっていきます。

> 「それから〇〇はどうなったのでしょうか？」
> 「ご不安な点があればお聞かせいただけますか？」

　このような質問を盛り込むことで、話し手の抱えている悩みのどこに問題があるのかが明確になります。このとき、急ぎすぎると信頼関係を損ねてしまいます。話し手の気持ちや話題にしっかり意識を向けながら、丁寧に行いましょう。

3．話し手が最も問題と感じている内容に注視する

　話し手が自ら問題解決の糸口を見つけるために、話し手が最も問題であると感じている内容に注視しましょう。「その問題についてどう考えているのか？」「自分はどうしたいのか？」と、話し手が自らの思考で糸口を掴むまで辛抱強く丁寧に見守ることが大切です。結論を急がず、信頼関係を保ちながら、少しずつ問題解決や事態改善へとつなげていきましょう。

4．話し手ができる範囲を明確にする

　深い悩みであるほど、話し手は自分のできること、置かれている状況を的確に判断できなくなります。そういった際には、聞き手が話の内容を確認・要約することで、話し手は自分自身ができる範囲を明確にすることができます。さらに適切な質問を投げかけることにより、話し手は自然と問題解決の糸口に気づいていきます。

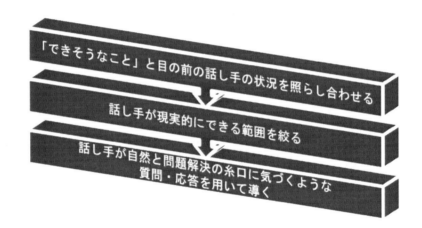

図表 20　できる範囲を明確にする手順

5．話し手が主体的に行っている事柄に着目する

　話し手が、「主たる問題を認識していない」と感じるケースがあります。確かに、問題点にズバッと切り込んで話を展開することは、問題解決への最短距離になるかもしれません。
　しかし傾聴の目的は、最終的に話し手自らが自分の力で問題解決をしていくことです。まずは、話し手が主体的に行っていることに着目しましょう。話し手の気持ちや意見をくみ取ってサポートすることで、信頼関係が深まっていきます。

02　「確認・要約」のコツ

　自分の伝えたいことを端的にわかりやすく相手に伝えることで、意思決定や行動を早く促すことができます。「確認・要約」は会話だけでなく、論文やビジネス文書でも求められる大切なスキルです。コツを掴めば誰でもできるようになります。はじめに3つの言葉の意味を理解しましょう。

> 「要点」　　重要な箇所
>
> 「要約」　　要点をまとめて短く表現すること
>
> 「要旨」　　要点をかいつまんだ大切な内容

1.　論理的に話を展開する

　小・中学生の頃、文章の構成は、「起承転結」だと聞いた方も多いのではないでしょうか。これは漢詩の構成を表す言葉で、文学寄りの枠組みです。ビジネスでは結論・主張が先です。次の基本ステップにもとづいて話を確認・要約し、「論理的」に伝えられるようにしましょう。

＜主　　　張＞　「商品Aを撤収して、新商品Bへ切り替えるべきです。」

＜根　　　拠＞　「商品Aは10年前から販売されており、市場の話題性が低くなっています。」

＜具 体 例＞　「○○地区でのA商品の売上は、ここ3ヵ月、前年の20%近く落ち込んでいます。」

＜主張の繰り返し＞
　　　　「顧客ニーズの多様化と売上向上の観点から、A商品を撤収してB商品へ切り替えるべきだと考えます。」

主張　→　根拠　→　具体例　→　主張の繰り返し

図表21　論理的な話の展開ステップ

2. 聴くときの障害を取り除く

　話の最中に、ぼんやりしたり、よそごとを考えたりして、大切なことを聞き洩らしてしまったという経験はありませんか？　人はどのようなときに、相手の話を十分に聴けなくなってしまうのでしょうか？　「聴くときの障害」となる主な状況を改めて意識しましょう。

＜忍耐力＞
　　　慣　　れ　　退屈・倦怠など
　　　環　　境　　騒音・室温・人・物など

＜理解力＞
　　　固定観念　　執着・意見の食い違いなど
　　　先入観　　　思い込みなど

＜心身の状態＞
　　　心配事　　　不安・焦り・ミスなど
　　　体調不良　　疲労・睡眠不足など

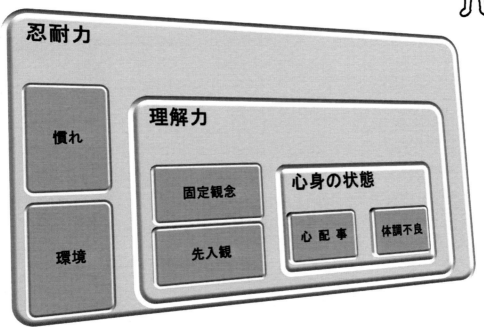

図表 22　聴くときの障害

3．沈黙の理由と対策を考える

　話の途中、相手が急に黙ってしまい、どう対応してよいか困ったことはありませんか？ ふと訪れる沈黙の空気は、耐えられないものがあります。

　人はなぜ必要以上に沈黙を恐れるのでしょうか？ 「周囲の目を気にしすぎる」ことも影響していることでしょう。沈黙には、必ずと言ってよいほど何らかの理由があります。黙っていても心の中は空白ではないのです。

　ここでは、沈黙の主な理由と対策について考えてみましょう。

沈黙の理由

①相手の言葉を待っている

②発言への抵抗、ためらい、不安、迷いなど消極的な気持ち

③胸にためていた思いを吐き出してホッとしている安堵感

④自分と向き合い、考え・感情などを模索している

⑤自分を理解してくれない相手への不満、怒り、反発、不信感

沈黙への対応

①今どのような気持ちなのか、どうして話さないのかを想像する

②先入観をもたず、ありのままを受け入れる

③無理に話させようとしない（話してくれるまで待つ）

④話しやすい雰囲気をつくる（休憩する、話題を変える）

４．危険なコミュニケーションを避ける

　相手に一生懸命アドバイスをしているつもりでも、タイミングや内容によって、「余計なお世話」だと受け取られてしまうことがあります。自分では良かれと思っていても、客観的にみると、自己満足になっているケースです。相手との関係性や状況によっては、アドバイスの必要性を最初に聞いてみるのも有効です。相手を説得したくなったり、同情の言葉を発したくなってもぐっと我慢し、まず相手の話に注力することが大切です。

　ここでは、会話の中でついうっかりやってしまう「15の危険なコミュニケーション」を確認していきましょう。

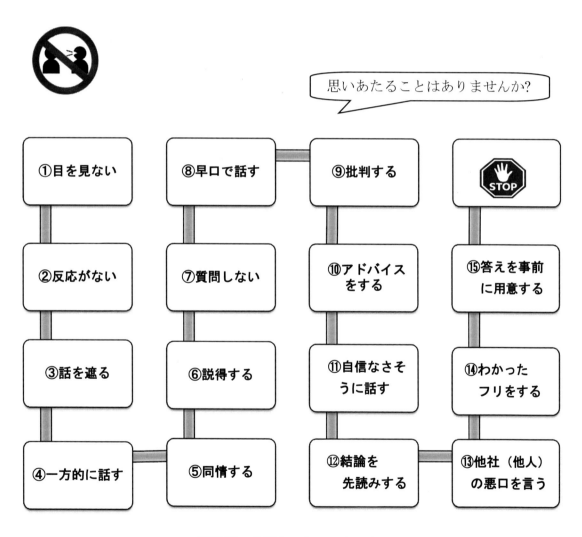

図表 23　危険なコミュニケーション

03 傾聴の習熟度

　確認・要約することで「傾聴の習熟度」は、段階的に上がっていきます。習熟度が深まることで、相手に信頼感を与えるだけでなく、相手から言葉を引き出すこともできるようになります。相手が「どのようなことを考えているのか？」「どうしたいと思っているのか？」「不満に思っていることはないか？」を確認・要約しながら推察することが大切です。

図表 24　傾聴の習熟度

1．内的傾聴（レベル１）

　相手の話を聴きながら、意識は自分の方向へ向かっている状態をいいます。「自分はこう思う！」という感情を捨てきれず、相手の言葉を遮ってしまうこともたびたびあります。その結果、話す側に「視野が狭い人」「空気が読めない人」という印象をもたれがちです。

2．集中的傾聴（レベル２）

　相手の話にしっかりと意識を向けられている状態をいいます。相手の話に興味・関心をもって聴くので、相手からどんどん言葉を引き出すことができます。

3．全方位傾聴（レベル３）

　相手の話にしっかりと意識を向けられているだけでなく、周囲や場の雰囲気までも的確に読み取れている状態をいいます。空気を読んで周囲と調和することもできるため、組織内でも「人望の厚い頼れる存在」となります。

04 心を掴む要約テクニック

　傾聴で一番大切なことは、心から相手のことを考えて向き合うことです。自分の保身や評価のためにテクニックを多用すると、それは相手にも伝わり、意図しない逆の結果にもなり得ます。

　ここでは、話し手の心を掴む「4つのテクニック」を紹介していきます。確認・要約しながら、状況や心情に合わせてうまく組み合わせて、効果的に活用していきましょう。

1．ミラーリング

　会話をしながら、表情・しぐさなどを相手に合わせるテクニックです。相手と感情を共有することで、短時間で警戒心を取り除き、安心感や親近感をもってもらうことができます。

　人は、自分と言動が似ていたり共通点がある人には、心がオープンになり、親しみを感じやすくなります。良好な関係にある人たちは、無意識のうちに言動を自然にまねる傾向が高くなります。仲のよい夫婦や友人の言動が少しずつ似てくることがありますよね？　これを、「ミラーリング効果」と呼びます。

「私はあなたの話を〇〇と受け取りましたが、間違いはないですか？」

　といった「無言のメッセージ」を相手に送っているのです。プライベートやお客様との対面時を含め、職場においても人間関係が円滑にスムーズになっていきます。

　＜ポイント＞
　　頭の中で相手の話のイメージを描く
　　相手との関係性に留意する
　　やり方を間違えると、逆効果になる可能性もある

２．マッチング

　ミラーリングは外側から見えるものに合わせることですが、マッチングは内面から出ているものに合わせるテクニックです。例えば、声の調子・高低・リズム・スピードだけでなく、相手の考え方や価値観、熱意、感情、呼吸にも合わせます。そうすることで、相手に対する信頼感はより増していきます。

３．バックトラッキング

　一般的に「オウム返し」といわれるテクニックです。相手が言ったことを機械的に返すのではなく、どのような思いで言葉を発しているかを感じ取って伝え返します。話し手は自分の話した言葉をもう一度聞くことにより意識化します。さらに、相手が理解してくれたことで不安が解消され、本音を語ってくれます。

　相手が口に出して言わない場合は、言葉以外から読み取れる気持ちを反復します。たとえば、発する言葉に元気がある場合、「明るい雰囲気が漂っていますね。」など**穏やかな声か**
けをして、相手の気持ちを反復するとよいでしょう。

　　「期限に間に合うかどうか心配です。」
　　　　⇒　「期限に間に合うかどうか心配なのですね。」

　＜ポイント＞
　　　相手の気持ちを受け止めて、大事な言葉を繰り返す

４．パラフレージング

　相手の話の中に出てきた事柄やフレーズを、別の言葉や表現で言い直すテクニックです。話し手は自分の話を整理して、気づきを深めていくことができます。パラフレージングは、**話の内容が誰の感情、体験なのかを明確にする効果**をもたらします。

　たとえば、次のように言い直すことです。

　　　「昨日、風邪で会社を休みました。」
　　　　　⇒「昨日、風邪で会社に出勤できなかったのですね。」

　　　「急な話で驚きました。」
　　　　　⇒　「急な話ですとびっくりしますよね。」

　２つの例は同じ意味ですが、異なる表現が用いられています。これによって、**話し手は、自分の話をしっかりと受け止めてくれている**、**理解**してくれていると**認識**します。

　また、次のように、順番を変えて言い直すこともできます。

　　　「大切な物をうっかりして失くしてしまったのです。」
　　　　　⇒　「うっかり失くしてしまったのですか？　大切な物だったのですね。」

＜ポイント＞
　　　意味を変えずに、主語を意図的に設定した言葉に作り替える

図表 25　心を掴む要約テクニック

第 5 章

営業力を高める
「話す技術」

01 営業の定義

お客様の多くは、プラスとマイナスのモチベーションから商品やサービスを購入します。

未来に対してワクワクするプラスイメージ

「ジムに通って、シェイプアップしたい。」

未来のリスクに対するマイナスイメージ

「ジムに通わないと、ダイエットができない。」

　営業には「売る」という究極の使命があります。お客様の「問題解決」をするために、プラス・マイナス両面から地道なプロセスを経て、最終的には「顧客満足」を目指します。

1. お客様の種類

　お客様の心を掴み、見込み客から新規顧客を開拓し、得意客を増やしていくためにはどうしたらよいでしょうか？　会社に対するロイヤルティでお客様を分類してみましょう。

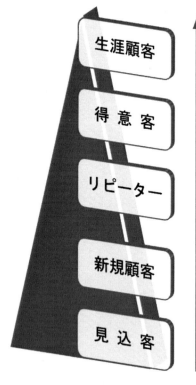

生涯顧客	長年継続的に取引がある得意客 　ゆるぎない信頼関係の構築、新規顧客の紹介
得意客	何度も取引がある顧客 　アフターフォローを充実 　　→　お客様に寄り添い続ける
リピーター	2回以上の取引がある顧客 　お客様の要望や意見を傾聴 　　→　改善を続ける
新規顧客	初めて取引をした顧客 　お客様が満足する商品やサービスを提供 　　→　再利用につなげる
見込客	一度も取引がない顧客 　営業活動で商品・サービスの良さを訴求 　　→　購入を促す

図表26　お客様ロイヤルティ

2．コンサルティングセールス

お客様の話に耳を傾け、頭の中に漠然とあるニーズを引き出し、適切なプランを提案できる営業を「コンサルティングセールス」といいます。「傾聴」「質問」「確認・要約」「話す」の全てのスキルをバランス良く使い、お客様が満足する結論へと導いていく「総合力」です。

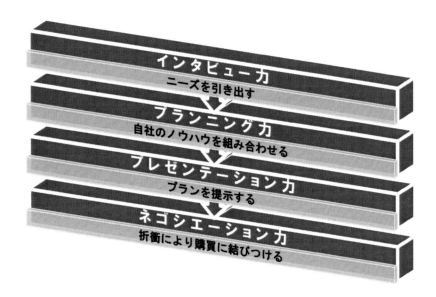

図表27　コンサルティングセールス

3．AISASの法則

「AISASの法則」とは、インターネット環境における消費者の購買行動をモデル化したものです。「売ったら終わり」ではなく、ユーザーと情報を「共有」し、新たな消費者を獲得していくための理想的なプロセスです。このサイクルを定着させることは、「売れる仕組み」の長期的な継続にもつながるのです。

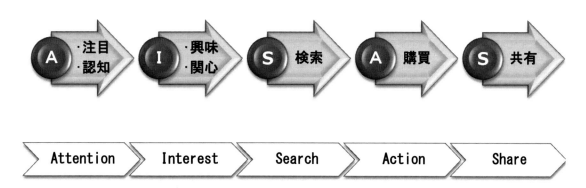

図表28　AISASの法則

02 営業の心構え

　同じ商品でも、お客様によって魅力を感じるポイントは異なります。お客様の数だけニーズがあるのです。お客様の表情・態度・言葉などから、感情や状況を感じ取り、共通点を見つけて話題を広げ、本音をしっかり探していきましょう。

1．営業で大切なポイント

◇　相手が興味のない話を長々としない
◇　相手を楽しませる工夫をする
◇　相手を知り自分を売る
◇　自分をベストな状態に保つ
◇　相手の人格を尊重する
◇　「思い込み」や「固定観念」を捨てる
◇　約束を守る、聞いた話は口外しない

2．先方と会う前にすべきこと

（1）訪問先の情報収集

　訪問前にヒアリングはすでに始まっています。相手の会社が「これまで何を大切にし、どんなことをしてきたか?」「これからどうしたいのか?」を確認することは、営業の基本マナーです。

> 「沿革・事業内容・経営理念・ビジョン」のチェックは不可欠

（2）問題となる箇所を仮定する

　「先方はどのような問題を抱えているだろうか?」事前に相手の立場になって考えることが重要です。相手に興味をもつことは、信頼関係構築の第一歩です。

（3）代替案・改善案を考える

　自社の強み・特徴などを最大限発揮できるよう、先方に提供できるサービスは何かを事前に具体化しましょう。

3. アサーティブコミュニケーション

> 「アサーティブなコミュニケーション」
> ＝「相手を尊重しながら、誠実に自分の意見を主張すること」

アサーティブの名詞形「アサーション」とは、次の 4 つの柱を軸とした「自己表現・自己主張」を意味します。

「**誠　　実**」　自分と相手に対して、嘘のない誠実な態度で接すること
「**対　　等**」　相手と上下関係があったとしても、人間として対等に接すること
「**率　　直**」　相手に対して、率直に向き合うこと
「**自己責任**」　コミュニケーションによって生じた結果は、自分が引き受けること

あなたの「アサーティブ度」をチェックしてみましょう。各設問にもっとも当てはまるものを「5〜1」の中から選び、合計点を□の中に書き入れてください。

①人と意見が異なるときも、自分の考えを伝えることができる	5	4	3	2	1
②新しいことに挑戦する勇気がある	5	4	3	2	1
③初対面の人には、自分から話しかけるようにしている	5	4	3	2	1
④自分の考えを直接的に正直に伝えることができる	5	4	3	2	1
⑤人からのほめ言葉を素直に受けとめられる	5	4	3	2	1
⑥対等な立場で人と接することができる	5	4	3	2	1
⑦必要なときに人の援助を求めることができる	5	4	3	2	1
⑧自分の気持ちをキャッチして、適切に言葉にできる	5	4	3	2	1
⑨短所も含め、自分のことは好きである	5	4	3	2	1
⑩自分の欲しいもの、やりたいことがわかっている	5	4	3	2	1

よくできている（5点）　　7割ほどできている（4点）　　5割ほどできている（3点）
　　不十分（2点）　　　　できていない（1点）

合計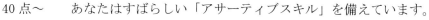

40点〜　　あなたはすばらしい「アサーティブスキル」を備えています。
30点〜　　合格点です。さらにスキルアップを目指しましょう。
20点〜　　相手の気持ちや考えに配慮することを意識しましょう。
10点〜　　いま一歩です。一方的な主張にならないよう心がけましょう。

03　「売れる商談」のコツ

> 営業の役割
> ＝「お客様のニーズを満たし、お客様が買いたいという状況を作り出すこと」

ここでは、「売れる商談」のコツを掴むための「手順」を確認していきましょう。

1.「売れる商談」の手順

売上や業績アップへとつながる商談には、適切な手順と確認すべきタイミングがあります。ポイントとなる3つの地点で一旦立ち止まり、お客様の現状や得たい成果をしっかりと見極め、慎重に商談を進めていきましょう。

（1）現在地点を確認する

お客様の話をしっかり受け止め、「今どういう状況にあるのか。」を正確に把握することが大切です。売る商品・サービスによって確認内容は異なります。お客様が大切にしたいと思っているポイントを押さえ、軸に沿った提案を準備しましょう。

◇　現状、どのような問題・悩みをかかえているか？
◇　満足している部分と不満に感じている部分は何か？
◇　今の商品・サービスを利用している主な理由は何か？

（2）得たい成果を確認する

　お客様が得たい成果には、「理想」「現実」「妥協」があります。お客様自身が成果を明確にイメージできていない場合が多いのです。成果の奥にある本当のニーズを引き出していくために、適切なタイミングで、「何をどの程度求めているのか。」といった効果的な質問をお客様へ投げかけていきます。

　お客様の気持ちを尊重しながら、あせらず丁寧に商談を進めていくことで、目指すゴールが見えてきます。

◇　将来的にはどのようになっていたいか？
◇　達成したいライン（最低・最高）は？
◇　顧客満足度を上げるためには、どんなサービスが必要か？

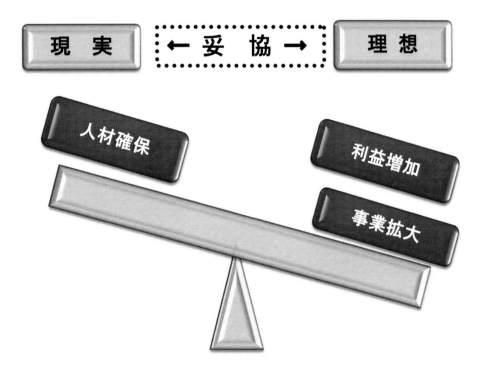

図表 29　「得たい成果」のイメージ

（3）現在地点と得たい成果の差を確認する

　次に、相手が真に求めているもの（ゴール）と現状のギャップに注目します。そうすることで、現在抱えている課題が少しずつ見えてきます。

　「差」とはお客様が抱えている問題点です。差を埋めたいという想いが強いほど、解決しようという気持ちも強くなります。**「差」の程度をお客様と共通認識することで、提案の幅が広がり、「的を射た提案」がしやすくなります。**

　　◇　現在地点から成果まで到達できる方法を知っているか？

　　◇　成果を得るためにどのような行動をしているか？

　　◇　現在地点と成果との差を埋めるための優先課題は何か？

1．現在地点の確認

2．得たい成果の確認

3．現在地点と得たい成果の差の確認

図表30　「売れる商談」の手順

２．傾聴がもたらす「プラスのスパイラル」

　営業担当者との出会いが、お客様のその後の人生に大きく関わってくることがあります。たとえば、一生の中で最も大きな買い物といわれる「マイホーム」。担当者次第で理想の家ができあがることも、逆に後悔することもあるでしょう。

　ある住宅メーカーがお客様に対して実施した、「好感のもてる営業担当者」についてのアンケート調査結果（上位）は、次のとおりでした。

　　　　　　　◇　話をしっかりと受け止めてくれる
　　　　　　　◇　ポイントを絞った提案をしてくれる
　　　　　　　◇　迅速に課題解決に導いてくれる
　　　　　　　◇　高い倫理観、豊富な知識と経験がある

　このような営業担当者に対して、お客様は、安心感を抱くとともに厚い信頼を寄せることでしょう。やがて、知り合いの方に宣伝したり、新しいお客様を紹介してくれたり、将来的には、お客様が「あなた自身の営業マン」になるという好循環が生まれます。
　傾聴から始まる「プラスのスパイラル」へとつなげていきましょう。

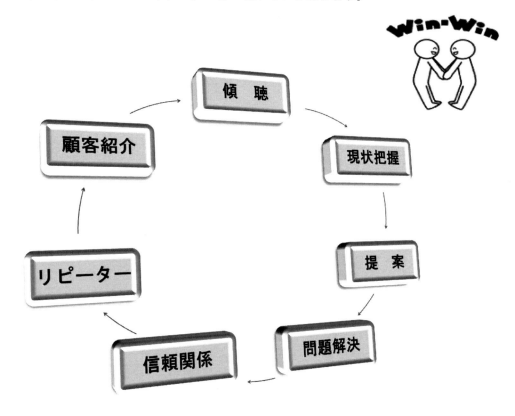

図表31　傾聴がもたらすプラスのスパイラル

04 心に刺さる コミュニケーション

　お客様との商談が成功したときは、コミュニケーションスキルを自然に使いこなせている場合が多いようです。日常的な会話においても、改めて「心に刺さるコミュニケーション」を意識することで、より良好な人間関係を築くことができるのです。

1．徹底して相手に共感する

　家族や友達・恋人との会話中に、「嬉しい」と感じる瞬間を思い描いてください。話が盛り上がったとき、相手が笑ってくれたときなど、そこには「相手の共感が得られた」という共通点があります。これは、コミュニケーションにおいて最も大切なポイントです。

　日常会話や商談の際に、「いつも盛り上がりに欠けてしまう。」と悩む方は、まず相手の会話に徹底して共感できるように心がけてみましょう。

2．メリット・デメリットを明確に話す

　ものごとには、良い面と悪い面があります。最初はデメリットを話すのに抵抗を感じる人もいるかもしれません。だからといって、都合の良いことだけを話していると、後々トラブル・クレームへとつながります。

　お客様の立場からすると、デメリットを話してもらえた方が安心できるのです。特にお金に関わることは明言しましょう。お客様が納得して末長く商品を使っていただけるよう、メリット・デメリットの両面を正しくしっかりと話すことが大切です。

３．事例紹介でイメージを膨らませる

　いくら営業トークで上手く商品の魅力を伝えられたと思っていても、お客様の気持ちをもう一歩動かしきれない場合があります。お客様は、商品の素晴らしさを納得するための根拠を求めています。そこで、具体的な商品の活用事例や利用者の意見を用いながら説明すると、イメージが膨らみより効果的です。

例）「多くのお客様にご利用いただき、△や□という感想をいただいております。」

４．営業トークに囚われない

　成功体験を積んでいくうちに、打率の高い自身の営業トークが見えてきます。しかし、営業トークに固執し過ぎると、周りが見えなくなり、お客様の話も耳に入らなくなってしまいます。さらに、真にお客様のニーズにあった商品の提案ができなくなり、営業スキルも停滞してしまいます。そんなときは、深呼吸をしたり、雑談を盛り込みながら相手の様子をしっかり観察しましょう。

５．相手に話を投げかける

　営業マンであれば誰でも、「商談の場を盛り上げて、契約に持ち込みたい。」という考えがあるでしょう。しかし、お客様の立場に立とうとする姿勢も忘れてはなりません。お客様の中には悩みや不安、問題を抱えている方も多くいらっしゃいます。お客様の要望を見抜くのも、大切な営業スキルの一つです。お客様の様子を観察しながら話を投げかけて、なるべくその話を広げるように心がけましょう。

例）「もし〇〇が手に入ったら、最初にどんなことをしたいですか？」

05 「話し上手」になる話法

　「話し上手」とは、相手が話しやすくなるような「きっかけ作り」が上手な人のことをいいます。ここでは、営業力を磨くための話法を紹介します。

1．PREP法

　話の構成の中で、相手の心理状態を想定し、先回りして話を展開する手法です。話す内容を次の４つで構成することで、論点や疑問点を簡潔に押さえた説得力のある話ができます。

<要　　点>　「お客様には、こちらのA美容液をお薦めします。」
　　　　　　※聞き手に「なぜ？」という疑問が起こる

<理　　由>　「なぜなら、当店で一番の売れ筋商品だからです。」
　　　　　　※聞き手は「なるほど」と納得する

<具 体 例>　「天然エキス配合のA美容液は、刺激も少なくスッとお肌になじむので、
　　　　　　お客様のようにきめ細かな敏感肌の方には、最適なお品です。」
　　　　　　※聞き手は「使ってみたい」と興味・関心を強める

<結　　論>　「数ある美容液の中で、お客様には、こちらのA美容液が最適です。」
　　　　　　※聞き手は「間違いない」と確信する

P	・Point　　要　　点
R	・Reason　　理　　由
E	・Example　　具 体 例
P	・Point　　結　　論

図表33　PREP法

２．ＰＲＥＯＣ（反対意見攻略）法

　テレビの討論番組を見ていると、人の話を遮って、自説ばかり展開している人を見かけます。こんなとき、「たしかに○○という考え方もあります。」など、対立する意見を考慮して認めることで、客観的でかつ冷静な印象を与えることができます。

　「対立する意見をどうプラスに変えていくか？」が、交渉の成否を握る鍵になっていると言っても過言ではありません。

<要　　点>　「お客様には、こちらのＡ美容液をお薦めします。」

<理　　由>　「なぜなら、当店で一番の売れ筋商品だからです。」

<具 体 例>　「天然エキス配合のＡ美容液は、刺激も少なくスッとお肌になじむので、
　　　　　　　お客様のようにきめ細かな敏感肌の方には、最適なお品です。」

<反対意見>　「たしかに、化粧品にお金をかけるのはもったいない、と考える方もいらっ
　　　　　　　しゃるかもしれません。」

<反　　論>　「しかし、お肌の調子でその日の気分が変わり、仕事・プライベートにも大
　　　　　　　きく影響します。特に、お客様のようにお忙しい方には、手入れが簡単で、
　　　　　　　品質の高いＡ美容液が最適です。」

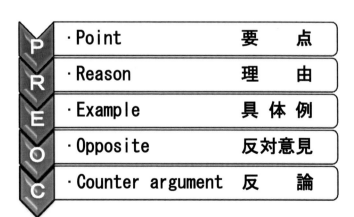

·Point	要　　点
·Reason	理　　由
·Example	具 体 例
·Opposite	反対意見
·Counter argument	反　　論

図表 34　ＰＲＥＯＣ（反対意見攻略）法

３．ＳＤＳ法

　ＳＤＳ法とは、最初に要約（Summary）を伝え、次に詳細な説明（Details）をした後、最後にまとめ（Summary）を述べる手法です。結論を早く伝えたいときに効果的です。

<要　　約>　「新商品Ａに切り替えるメリットについて３点ご説明いたします。」

<詳　　細>　「１点目の○については〜　　　、２点目の〜　　　、３点目の〜。」

<ま　と　め>　「以上、新商品Ａ切り替えるメリットについて、１点目の〜　２点目の〜
　　　　　　　３点目の〜　　　について３点ご説明いたしました。」

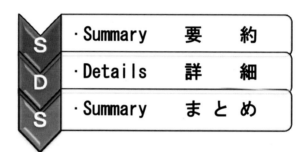

図表 35　ＳＤＳ法

４．四部構成法

　「結論」「序論」「本論」「結論」の順で話を展開する手法です。初めに結論がわかっているため、理解に要する相手の負担や労力が減り、理解度も高まります。ビジネス文書・論文などでも多く用いられている手法です。

図表 36　四部構成法

5．マイナスプラス法

　ビジネスで成功をおさめてきた数々の経営者は、ポジティブな名言をたくさん残しています。人に好印象を与えるためには、プライベートでもポジティブな言葉をたくさん使うとよいでしょう。次のAとBの言い方を聞いて、あなたはどちらに好印象をもちますか？

> A　「このケーキは美味しいけど高いよね！」
> B　「このケーキは高いけど美味しいよね！」

　もちろん「B」の方がポジティブですよね。デメリットにおいても、伝え方しだいでお客様に与える印象が変わってきます。「マイナス⇒プラス」の順に話すことを意識しましょう。

〔問〕

　あなたは高級婦人服売場の店長です。お客様が新作のワンピースを手にとって、鏡の前であてています。次の4つの言葉を全て使い、お客様にワンピースをお薦めしてください。

> A　①→②→③→④の順番で伝える
> B　購入していただけるように、順番を替えて伝える

それぞれどんな印象を与えるか、お客様の気持ちになって考えてみましょう。

①　シルエットが綺麗
②　着心地が抜群
③　値段が高い
④　手入れが大変

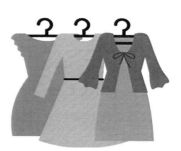

※参考解答は P78 参照

06 傾聴の成長カーブ

　コミュニケーションの領域は、「しっかり傾聴する」「効果的に質問する」「丁寧に確認・要約する」「分りやすく話す」ことで広がっていきます。相手の「現在」だけでなく、「過去・未来」にも傾聴し、問題・課題に目を向けることが大切です。

　各領域のつながりを意識しながら、会話の中に盛り込んでいくことで、商談の落とし所も見えてきます。傾聴のゴールには、相手の「ありがとう」と「笑顔」が待っています。

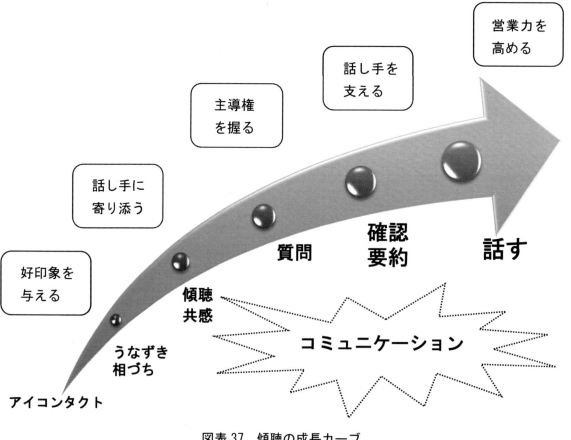

図表37　傾聴の成長カーブ

P18 の参考解答

〔問1〕

「A」「E」　　　　　・・　会議の主導権を握る人、決定権のある人

「C」「G」　　　　　・・　会議の進行に協力的な人、調整役

「B」「D」「F」「H」・・　自分の意見を主張せず、会議の決定に同調する人

〔問2〕　　AかE

P30 の参考解答

〔C 先輩〕

・A さんを否定している　　「弱い人間だ」

・A さんにプレッシャーをかけている　　「もっと大変な仕事はたくさんある」

〔D 部長〕

・A さんの言葉を復唱し、共感している

・A さんへ問いかけ、気づきを与えている

P39 の参考解答

〔問〕　・相手の言葉を復唱し、共感する

　　　　・どうしてそう思ったのかを尋ねる

　　　　・どんなところが自分に向いていないのかを尋ねる

　　　　・どんな仕事が自分に合っているのかを尋ねる

P40 の参考解答

〔問1〕

・能力を否定されている　　　・信用されていない　　　・自信喪失

・この上司の下で働きたくない　・会社を辞めたい　　　・部署を変わりたい

〔問2〕

・日頃、真面目に仕事に取り組んでくれてありがとう。

・ここ3ヵ月、結果が出ていないようだけど、A さんらしくないね。

・何か思いあたることはある？

・いつでも相談にのるから、困っていることがあれば遠慮なく話してほしい。

P41 の参考解答

〔問3〕

　　・先輩は、仕事にやりがいを感じなくなったことはありますか？

　　・先輩は、転職を考えたことはありますか？

　　　　　　　　　　　　↓

　　　そのときは、どのように行動（克服）されたのですか？

　　・先輩が今の自分の状況だったら、どのように行動されますか？

　　　　　　　　　　　　↓

　　　率直なご意見を聞かせていただけますか？

P42 の参考解答

〔問4〕

　　・強引な印象

　　・自分の気持ちを尊重してくれない

　　・一方的・選択肢がない

〔問5〕

　　・何か食べたいものはある？

　　・美味しいパスタの店を見つけたよ。

　　　パスタが苦手でなければ、一度行ってみない？

　　・久しぶりに中華もいいな・・と思うけど、よければ今日行ってみる？

　　・食後の飲み物はどうする？

P75 の参考解答

〔問4〕

　　・お客様、こちらのワンピースは、当店で大人気のオリジナルブランドです。

　　・少々 お値段はお高いですが、シルエットがとても綺麗です。

　　・高級素材ですので、お手入れは少し大変 かもしれませんが、着心地は抜群です。

　　・お客様に、とてもお似合いになるかと思います。

　　・お召しになってみてはいかがでしょうか。

参考文献

「『聞く技術』が人を動かす」伊東明　知恵の森文庫　初版：2001 年 1 月

「プロカウンセラーの聞く技術」東山紘久　創元社　初版 2000 年 9 月

「会社では教えてもらえない人を動かせる人の文章のキホン」吉田裕子　株式会社すばる舎
　　初版：2018 年 3 月

「誰とでも会話が弾み好印象を与える聞く技術」山本昭生　ＳＢクリエイティブ株式会社
　　初版：2017 年 10 月

著者紹介

水野悦子（みずの えつこ）

株式会社グランツハート　契約講師
メンタルヘルスアドバイザー
アサーティブコミュニケーター
産業心理カウンセラー
早稲田大学卒業後、民放テレビ局に入社。
大手出版会社に転職、エグゼクティブマネージャーとして、採用・人材育成業務に長年従事。
研修・セミナー・講演会講師として、年間登壇本数100本を超える。
現在は、企業・高校・大学にて、講師、キャリアカウンセラーとして幅広く活躍中。

職業訓練法人H＆A　営業のための傾聴

2021年4月1日	初版発行
2023年4月1日	第三版発行

著　者　水野　悦子

発行所　職業訓練法人H＆A
〒472-0023　愛知県知立市西町妻向14-1
TEL 0566 (70) 7766
FAX 0566 (70) 7765

発　売　株式会社　三恵社
〒462-0056　愛知県名古屋市北区中丸町2-24-1
TEL 052 (915) 5211
FAX 052 (915) 5019
URL http://www.sankeisha.com

ISBN978-4-86693-410-5